JN437811

어머니 강으로 흐르는 집시랑물

어머니 강으로 흐르는 집시랑물

—

초판1쇄 2019년 10월 31일
지은이 김용수
펴낸이 김영재
펴낸곳 책만드는집

—

주소 서울 마포구 양화로3길 99, 4층(04022)
전화 3142-1585·6
팩스 336-8908
전자우편 chaekjip@naver.com
출판등록 1994년 1월 13일 제10-927호

—

ISBN 978-89-7944-705-7 (04810)
ISBN 978-89-7944-354-7 (세트)

책 만 드 는 집 시 인 선 1 3 6

어머니 강으로 흐르는 집시랑물

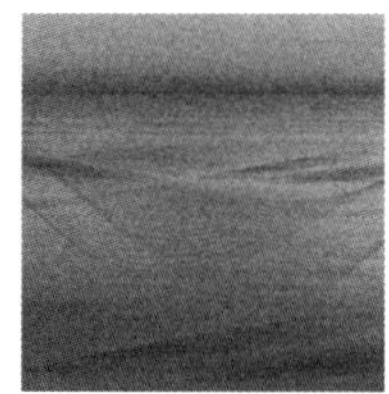

김용수 시집

책만드는집

| 서시 |

참으로 오랜 시간
덤으로 살아온 지
20여 년
그 흔적들이 세월 강에
빠져 허둥거린 지도
20여 년
떠밀리고 떠밀려
묵혀진 지도
꽤 오래
평전, 후덕으로
영재, 공덕으로
우림, 심덕으로
건져 올린 낙서가
한 마리 목어로
떠올라
풍경을 때리다가
조계산을 울리다가
용소계곡 넘어들다가
무심 소리 듣고 있다

| 차례 |

1부

2부

3부

4부

5부

1부

어머니 강

하늘로 승화한 어머니 강은
지리산 씻어 내린 물방울이다
산자락 구석구석 헤집고
강바닥 높낮이를 더듬어
염창을 지나 널따란 백사장 만들고
하동포구 굽이쳐 남바다로 흐른다
비바람몰이 개구리들이
가 게 기 고 구… 하 헤 히 호 후…
금빛 모래톱 켤 때는
여인의 강, 춤을 추다가
어머니 강, 노래를 부른다
평사리 뜨락
나물 캐던 누이가
꽃물결에 맞선 지도 이미 오래
강바람에 기댄 지도 벌써 옛날
그래도 어머니 강은 여인의 미덕 잃지 않고
불어터진 젖무덤을 치마끈으로 칭칭 동여맨다
물장구치다 들킨 강바람도

머리발을 쓰다듬는 강줄기도
후미진 망덕포구 강바닥에 다다르면
어머니 가슴팍에 아름아름 새겨지는
손바닥 같은 섬진강 벚굴밭에서
한눈파는 세월 강에 붙들린다
멈춤도 쉼도 모르는 어머니 강은
가끔씩 무지개다리 만들고
바다로
하늘로
물길 따라 흘러간다

빙판길

눈발이 굵다
오늘처럼 눈보라 치고 얼어붙는 날은
빙판길 출근하는 당신이 아슬아슬하다
행여 어지러울까
혹여 미끄러질까
문명의 노예를 거부했던 당신
새벽잠 설치고 양손 불어대며
문고리 잡는 뒷모습에 냉기가 달라붙는다
눈 덮인 빙판에 아른대는 당신 모습
벙거지 눌러쓰고 벙어리장갑 낀 소녀로
긴 목도리 두르고 바바리 깃 세우던 숙녀로
젖꼭지 빨리며 진자리 갈아 뉘는 어머니로
철부지 같은 글쟁이 사내 뒷바라지한 아내로
낭만 시계추 빼앗기고 곡선미 잃어버린 아바타다

세찬 눈보라에 맞선 당신
금세 금방 얼어붙은 빙판길에
엉금엉금 살금살금 거북이로

미끄럼과 넘어짐을 모른다
하얀 마음 푸른 꿈만을 꾸었던
눈 내리던 그날
눈밭 뛰놀다 눈 뭉치 굴리고 눈싸하던 동심이
왁자지껄 수다 떨며 함박웃음 터뜨린 음성이
할퀴이고 헐벗은 산과 들 곳곳의 상처를 휘덮는다
하얀 거울이 된 빙판길 그 길 속에
빛 잃은 뭇별들이 총총히 박히고
은빛 감싸는 붙박이별 하나
어머니 별로 뜨고 있다

새가 우는 역

鳴鳳驛에 새하얀 함박눈이 내린다

뜻 모를 물음표가 뇌리에 스치면서
느낌표를 연발했던 그 시간들이
눈발에 파묻히다가 그리움을 몰고 온다

마냥 어디론가 떠나려 했던 철부지도
텅 빈 대합실을 힐끔힐끔 쳐다보다가
삐쭉하게 내민 두 갈래 철로를 바라본다

벚나무 아랫도리가 시리도록
시골 부녀 정을 갈라놓으려는 플랫폼이 울고 있다
이별도 좋다
별리도 좋다

큰 꿈 따라 떠나보내는 딸 손을 쥐어 잡은
아버지 등에는 때 묻은 봉다리 보따리들이
아버지 키보다도 높게 높다랗게 쌓여 있다

새가 우는 겨울 간이역 플랫폼에는
늙은 역무원이 유도하는 철마 울음이 퍼져나고
아쉬운 이별을 서두르는 부녀 속정이 끈적댄다

연기꽃

굴뚝 연기 피어나는
고향 집에 가고프다

"멀다"
"아니 가깝다"를
몇 번이고 되뇐다

비포장도 아닌 포장길에서
설핏한 햇살 보듬는 고향 집이 그립다

꼬르륵 꾸르륵
허기진 소리가 고향 잿등 넘을 때
몽글몽글 솟아나는 굴뚝 연기도 맛있다

저녁밥 짓는 엄마 부지깽이
부삭* 들쑤시고 가마솥 달군다
방구들 지나 굴뚝으로 모아지는
푸르스름한 연기

꽃을 피운다

아물지 않은 속살의 상처마냥
해 질 녘 백파가 일다 부서지고
붉은 놀 갯벌 속으로 사라지듯
어머니는
불을 심고 연기를 피우며
인연설에 묻히고 있다

손 내밀면 맞닿고
발 내디디면 맞닿는
고향과 타향의 연을
만남과 헤어짐의 연을
연기꽃으로 피우고 있다

* '아궁이'의 방언.

고향 찔레꽃

고향 찔레꽃은
엄마 가슴에서 피어나고
아빠 어깨에서 나풀댄다
새순 찔레 꼿꼿하게 솟아오를 때면
앞 들판 뒷동산 찔레 찾아 쏘다니던
어린 날이 푸른빛으로 달려든다
가지마다 피어 있는 꽃송이는 고향 사람 얼굴처럼 해맑고
송이마다 뿜어내는 꽃향기는 정든 사람 꿀정처럼 진하다
배 속에서 울리는 쪼르륵 꼬르륵
그 소리 따라 찔레 새순 뚝! 뚝! 꺾이고
온 들녘은 동심 아우르는 찔레 덩굴로 얽힌다
찔레꽃 송이송이 맺힐 때면
잃어버린 고향, 잊어버린 사람들이
아지랑이로 피어올라 새하얗게 아롱댄다
달콤하면서도 서러운 향기 스멀스멀 뿜어내고
쫓아가면서도 따라오는 동심이 발부리를 잡는다
찔레꽃 가시덤불 속에는 아린 추억들이 되새김질하고
쭈뼛쭈뼛 내미는 꽃송이마다 분홍 누이가 피어난다

찔레 새순 꺾어 껍질 벗기고
한입에 베어 문 그 맛
엄마 젖이고 아빠 힘이다

움막에 내리는 밤비

움막에 밤비가 내린다

있어달라는 이슬비도
가달라는 가랑비도 아닌
한가위를 앞둔 보슬비가 내린다
움막의 적막을 깨는 빗소리는
상처 난 가슴을 후벼 파면서
잔잔해진 마음 한구석을 출렁인다
살을 섞은 사람도
피를 나눈 사람도
연을 맺은 사람도
모두가 자기만의 삶 속에 묻혀 있는 밤
움막에 내리는 밤비만이
정에 허기진 사람을 붙잡고
갈증 난 풋정에서
애교 띤 애정까지
하나 둘 끄집어서 밤비에 젖게 하고
움막의 옛정을

밤비 타고 내리게 한다
밤비는 움막을 적시다가
황진이가 띄운 신발 배를 타고
정에 굶주린 옛정을 적시고서야
밑바닥에 고여 있는 미운 정을
또다시 섞는다

멀고도 가까운 사람
식어버린 속정을 지핀다

차밭 큰누이

차밭 큰누이는 청순한 모습으로
어릴 적 춤을 추고 있다

날마다 예쁜 얼굴과 가냘픈 몸매로
나비춤을 추고 있다

꽃으로 사귄 지 오랜 시간을
두터운 정으로 고루고루 쌓아

꽃의 색채도
꽃의 모양도
꽃의 씨앗까지도
읽고 읽어
꽃차를 만들고 있다

오늘도
차밭 큰누이는 노자의 현빈을 닮은 듯
물의 흐름을 알고

꽃차 물을 끓이다가
사람 냄새를 풍긴다

꽃과 사람
꽃들과 사람들
사이사이를 헤집어
막힌 길 뚫어가며
소통 길 닦고 있다

가마솥 사랑

호랑이 꽃발 치고 앉은 복호산 끝
해 '꼴깍' 삼켜질, 해거름판에
엄니 치마폭에 따라붙은 햇살이
정재* 바닥에 떨어진다
파란 심줄 솟아 튀길 그 손길은
부삭 속에 모아진 가리나무** 한 주먹에
당성냥*** 그어댄다
햇살이 살아 이글거리는 부삭 속에서
불꼬리 흔들거리고
별빛이 살아 번뜩거리는 정재 밖에서
밤 꼬리 내리운다
몽글몽글 피어나는 하얀 냉갈****은
기다란 굴뚝 타고 하늘로 솟고
허기진 배 냉갈로 채우다 지친 상머슴은
뱃살 움켜잡고 또 움켜잡을 때
시꺼먼 가마솥
보글보글 보르륵 무색 눈물 넘친다
하얗게 피어난 밥꽃은

젊은 날 엄니 손처럼
보송보송한 밥살 드러내고
엄니 얼굴 쳐다본다
애섧게 우는 해, 서산에 걸리고
육자배기 엄니 노래 산마루 넘을 때
오늘도 시꺼먼 가마솥은
엄니 사랑 지핀다

* '부억'의 방언.
** '솔가리(마른 솔잎)'의 방언.
*** 성냥.
**** '연기'의 방언.

어부의 삶

어이! 저것 좀 보게나
어부의 참삶을 보게나
핏줄처럼 뻗고 뻗어서
바닷물 끌어당기는 것을

억지로 버티고 버틴
널브러진 저 물관들은
밤낮으로 빨아대는 치어들의 젖줄로
살찌우고 뼈를 만드는 어촌의 참모습이라네
시리디시린 어부의 삶은
탯줄을 자른 지 오랜 시간 지나서인지
젖줄을 끊은 지 짧은 세월 흘러서인지
먹이에 길들여진 채로
통통해진 몸통만을 뽐낸다네그려
시도 때도 모르고 마구잡이로
퍼먹는 저 고기 떼 좀 보게나
사룟값도 안 되는
날씬한 몸매 자랑이라도 하듯

이리저리 도망 다니네그려
살아온 세월을 비웃기라도 하듯
칭얼칭얼 빠져나가네그려
어이! 저것 좀 보게나
어부의 삶을 보게나
어부의 노리개를 보게나

갯바람 따라나선 사람들

갯바람이 불어온다

짭짤한 냄새를 풍기며 느릿느릿 스며온다
사람들이 따라나선다
친구들도 따라서 간다
통영 마리나 스위트룸에서 바라보는
가까운 바다는 아름답다 못해 어지럽다
해묵은 친구들은
바다 끝자락 가리키며
낡고 허름한 추억 부스러기를
슬그머니 꺼내어 갯바람에 말리고 있다
아직도 피우지 못한 꿈을
하늘 언저리 떠돌며 소금기 밴
갯바람으로 닦고 있다
두꺼운 나이테 두른 사람들은
난파선 같은 삶을
이름 없이 떠도는 별들에게 던지며
퇴색된 달력 갈피로 접고 있다

갯바람 불어오는 날은
바람개비에 돌아가는 지난 이야기들을
거침없이 주절거리다
앞뒤 없이 떠벌리다
바닷가 꼬막 껍질에 담고 담는다
새하얀 소금 꽃으로 피고 진다
지나치는 갯바람은 피식 웃는다

푸른 울타리

빛나는 모임은
푸른 정을 울타리로 둘러치고
너랑 나랑 우리랑을 야무지게 묶어두었다

파뿌리처럼 희끗희끗 솟아나는 머리밭을
애써 손질하는 틈새에서
가슴 식히는 오늘
설악 나들이 나섰다

백담사 계곡에는 제 나름의 생김새를 지닌
돌멩이들이 돌 돌 돌
물 씻김에 닳고 닳아
해맑고 푸르른 울타리를 친다

백담사 개천에는 저마다의 소리를 담은
물방울들이 졸 졸 졸
흩어지고 모아지는
새하얀 물줄기로 울타리를 만든다

계곡물에 발 담근 사람들은
계산 금이 금 금 금
눈높이의 저울대 세우고
빼셈 없는 산술 울타리를 두들긴다

대포항 바닷가는 밤 별들의 시늉을 내는
폭죽 행렬이 펑 펑 펑
별이 된 얼굴들
푸른 밤의 울타리를 친다

만해가 넘나들었고 일해가 넘나들었다는
백담사 울타리에 별이 뜨고 진다
만해는 뜨고 일해는 졌다
울타리는 하늘에도 있다

푸른 울타리다

품앗이 정

농번기 철이다

품앗이 정으로 살아가는 외로마을 사람들
땀 절고 흙 묻은 작업복에 매달리며
하루해를 등진다
해가 지고 달이 뜨는지도 모르는 채
오직 품앗이 정, 그 정만을 섞는
순정파들이 모여 사는 외로마을 사람들
고사리손도 덥석 잡고
할아범, 할멈 손은 더더욱 붙잡는다
한적한 어촌으로 아는 도회지 사람들은
어촌 풍광에 취한 듯
그저 그냥 한 폭의 그림을 바라보는 듯
〈바다에 누워〉와 〈황혼의 부르스〉를
읊조리는 듯
노래하다가
비음 섞인 감탄사 뱉어낸다
일에 시달린 외로 사람들

길손도 아니고 일손도 아닌
등기 하나 없는 시인 친구 불러두고
다래 수정 심부름을 시킬라치면
일통만 내고 있는지라
상록수 우림은 왔다 갔다 종남이 밭으로
왔다 갔다 종남이는 상록수 우림 밭으로
서로가 떠밀다가
오늘의 어촌 풍경을 시로 쓰라고 호령한다

그래! 친구야! 그렇구나! 친구야!
오늘의 시는 품앗이 정이다
파릇파릇 되살아난 품앗이 정이란다

품앗이도 없는 길

짙은 어둠이 깔리고 있다

대신 갈 수 없는 품앗이 길목에서
한참을 섰다가 어눌한 계산을 한다
아무리 버티어도 끌려가고
눈물로 빌어봐도 끌고 가는
먼 길 가는 그 길은
품앗이도 없는 길인가 봐
날마다 품앗이로 살아온
삶의 길
혓바닥이 축 늘어지고
속마음이 타들어 가도
무덤을 파본 적은 없다
어떤 날은 혼례식장을 다녀오고
어느 날은 장례식장서 밤을 새우며
품앗이로 사는 계산법을 배운다
오늘은 품앗이도 없는 길
그 길목을 찾아서

뒤돌아보는 넋을 달래고
지쳐 헤매는 몸에 기댄다

캄캄한 밤이다

아버지 울음

우우 으흐흑…
끊기다 이어지고 이어지다 끊기는
아버지의 울음을 지켜보았다
단 한 번도 울지 못했고
단 한 방울의 눈물도 보이지 않았던
당신의 속울음을 오늘에야 보았다
그 울음 속에는
어루만져 키웠던 열매들이
방하착으로 매달리고
천만년 살고 지고 노래를 불렀던
당신의 사랑, 당신의 반쪽만이 휑하니 지켜볼 뿐
당신이 가는 길을 어느 누구도 막을 수는 없는지
산문 가까이에 서서
지나온 길, 뒤돌아보는 당신의 눈망울에
가버린 젊음들이 끈끈한 액체로 흐르고
생을 비우려는 그 울음소리 쇠잔하게 들려올 뿐
산문 넘으려는 아버지 눈물이 메마르고 있다

2부

수상한 계절

아직은 가을이고 싶은데
왜 겨울은 성급히 날뛰는지

가을이 가기 전에 겨울이 온다는 것은
은행잎 단풍 들여 떨구려는 것인지
잔인한 나목 풍경 보이려는 것인지

수상한 계절
알다가도 모를 일이다

깨어지고 금 간 버려진 시간이
연자방아 돌듯 뱅글뱅글 돌아가고
지름길로 오는 겨울을 막을 수 없다

눈 감은 당신 눈까풀 까뒤집어
눈 뜨인 내 눈동자에 담아두고
절절한 속정 나누었던 시간만이
보릿고개를 넘고

아리랑고개를 넘어
참이슬로 구른다
무서리로 내린다
백설로 나부낀다

가을이 비켜선 길목에는
수상한 계절 바람이
녹이 슨 은행잎을 휘릭휘릭 날리고 있다

가을 길

출렁이는 시간들이 가두어진 충주호에
단풍 든 가을 길이 거꾸로 누워 있다

'마즈막재'에 얽힌 삶
물줄기 따라 흐르다가
하늘로 치솟는다

고개 비문에 새긴 채로
저무는 가을 이야기는 끝이 없고
가을바람은 잔물결을 일렁이게 하고
흐르는 물줄기는 낙엽을 쓸어 가며
한 맺힌 고갯길 넘어 넘어서 간다

돌아올 수 없었던 그들의 넋두리 듣다가
들리지 않는 가을 이야기 또다시 쓰다가
돌아설 수 없는 가을 길을 자꾸만 가고 있다

단풍 든 가을 길은

대꾸 없는 가을 이야기 묶어두고
충주호 물속에 거꾸로 누워 있다
물속에도 가을 길이 있다고

꼬리 감추는 가을

짧은 가을이 꼬리를 감추려 한다
왠지, 오늘은
노랗고도 샛노란 은행잎에
꼬리 긴 가을 이야기를 풀어두고
동심의 끈을 매달고 싶다

아픈 기억은 낙서로 쓰고
슬픈 필연은 나이로 휘감으며
젖은 추억은 가을빛에 말리고
마른 풋정은 은행잎에 새긴다

마치 속옷을 벗기 위한 몸부림으로
겉에 걸친 옷가지의 색깔을 뒤바꾼다

퇴색된 채로 떨어지는 꿈
노란 은행잎으로 땅바닥을 휩쓴다

찢기며 짓이겨진 이파리

까만 아스팔트에 달라붙어
꼬리 감추는 가을 속으로 빠져든다

몇 잎 남은 노란 은행잎이
짧은 가을을 붙잡고 있다

가을 길은
한 잎 단풍 이파리였다

가을 낙서

가을 낙서장
슬그머니 꺼내 들고
가을 타는 사람, 속마음 흔들고 있다
짙어만 가는 푸른빛에 파묻혀
서성대는 남자, 그 남자에게 몽당연필 들게 하고
높아만 가는 하늘 끝에 매달려
바둥대는 사람, 그 사람에게 공든 탑 쌓게 하며
가을 낙서를 쓰고 있다

서운한 바람 움막으로 불어오는 날
오솔길 모퉁이 돌고 돌아
심장이 멈출 듯한 방랑벽을 허물고 있다
억새 흐드러진 산등성이에 앉아
굵고도 짧은 가을 소리 낙서장에 옮겨보고
추수 끝난 빈 들판에 누워
'풍요 속 빈곤'을 느낀 사람들
'군중 속의 고독'에 빠진 사람들
두루두루 모아

터무니없는 가을 낙서
종주먹을 댄다

동그라미 그리다가

세차게 쏟아지는 가을비는
비껴간 인연을 잇고 잇는 동그라미다
빗물처럼 흘러갔던 시간들
빗발 사이사이를 끼어 다니고
비에 젖은 동그라미를 그리고 있다
빗줄기 따라가고
빗줄기 따라왔던
동그라미는
천사의 눈물도
하늘의 슬픔도
아니다
어린 날 보았던 까만 눈동자다

촉촉하게 젖은 까만 눈망울에서
살며시 떨구는 눈물의 알갱이다
야윈 삶이
토막토막 이어지는 장터에서
가을비에 젖고 젖은 사람들이

빗방울처럼 동그란 동그라미 그리며
동전을 주고받다가 돈을 세고 있다
가끔씩
번갯불로 지져대고
천둥 그물 둘러치며
수많은 동그라미 그리게 하는
부처도 예수도 하늘도 얄밉다

우림농원의 석류꽃

석류꽃 피었네
새빨간 석류꽃 피었다네
붉디붉은 이야기를 엮은 채
살가운 우림농원에 살포시 피었네
고흥반도 끝자락
소담스러운 어촌 마을에
상록수 삶, 살아가는
우림 철학 연구하는 그 친구
농심밭 일구며
석류 사랑에 빠졌다네
친구들의 숲
정으로 둘러온 지 육십 평생
석류꽃에 반하고
석류 열매에 취해
가시 찔린 아픔도
썩음병에 걸린 비애도
주름지고 구겨진 세월도
모두 모두 잊은 채

석류꽃 피우고 피웠다네
허기지고 쓸쓸한 계절
가을의 전설 따라
터져오는 붉은 가슴의 열정을 보고
쏟아질 듯 엉겨 있는 빨간 알갱이 밀어를 들으며
석류 이야기를 애써 쓰고 있는 우림 친구
그 친구는
오늘도 서쪽 바다 저녁놀 바라보다 석류만 바라보네
우림농원 석류꽃은 상기된 소녀 얼굴로 핀다네
우림농원 석류 열매는 불혹 여인 젖가슴으로 익는다네

하얀 철쭉꽃 피어나면

하얀 철쭉꽃 피어나면
백의 천사 실미소가 번진다

어린 날
어깨 친구와 거리를 쏘다니며
젊음의 끼를 곳곳에 뿌려대고
넘치는 힘 쏟아붓다가 다친 상처를
하얀 모자와 하얀 옷을 입고
하얀 미소로 쉼 없이 간호한 천사가

꽃봉오리 머금고
꽃 이파리 피어날수록
심상으로 그려지고
먼발치서 웃는다

더러는 먹빛 횃덩이를 속으로 삭이고
더러는 하얀 옷가지로 밖으로 표하며
간간히 솟아나는 보고픔을 하얗게 피워낸다

하얀 철쭉꽃 피어나면
백의 천사 실미소도 피어나고
우주 천사 소연 양도 피어난다

겨울비 내리는 우다방* 네거리

겨울비 내리는 우다방 네거리를 걷는다

헤어질 사람도
만나야 할 사람도 없는 그곳엔
때 묻고 빛바랜
빨간 우체통만이 우두커니 서 있다

질퍼덕 질퍼더덕
질펀거리는 길바닥엔
이유 없는 반항아가 서성대고
포근한 누이의 천성이 누워 있다

튕겨 오른 빗방울에
발부리와 옷가지를 적시고
엉겨 붙는 눈방울에
어린 날, 뭉쳤던 눈 뭉치
즐비하게 세워둔
그때 그 눈사람은

쌓인 연륜의 무게를 견디다 못해
충장로를
금남로를 걷고 있다가
하얗게 뭉쳐진 눈사람으로
둥글게 녹아진 빗방울로
오락가락하다가
오늘은 차가운 겨울비로
우다방 네거리를 기웃거린다

* 광주 충장로우체국의 별칭. 70-80년 시기에 연인들의 만남의 장소로 유명했다.

세종대왕 동상에 밤비는 내리고

세종대왕 동상에 밤비가 내린다

한글날을 앞두고
세찬 가을비가 주룩주룩 내린다
동상의 적막을 깨는 빗소리는
나라 사랑하는 마음을 가져야 한다고
가슴을 울렁이며 세종대왕 용포를 파고든다

모두가 먹물 향에 취하는 밤
동상 위에 쏟아지는 밤비만이
한글을 사랑하는 사람을 붙잡고
한글로 세상을 널리 널리, 세상을 이롭게 하라고
한글을 세계 문화 강국으로 만들어달라고
하나하나 꼬집어서 밤비처럼 젖어온다

한글처럼 자랑스러운 옛사람의 말씀이
밤비 타고 내린다

밤비는 세종대왕 동상을 적시다가
가슴속 밑바닥에 고여 있는
끈끈한 정을 적시고서야
나라 사랑 열정을 지핀다

밤비 내리는 창가

밤비가 내린다
바람이 죽어간 밤거리 길목
'메밀꽃 필 무렵' 막걸릿집 창가에
도심 거리를 씻어내는 밤비가 내린다
주르륵 주룩 소리 내어 내리는 밤비는
철 늦은 여인네 가슴팍을 실없이 파고들고
무디어진 감정 보따리
끄나풀을 풀어내고 있다

밤이 깊을수록
지친 감정들이 내림을 끝내고
오르다 오르다 격정에 흐느껴
젖어오는 밤비를 따라가고 있다

눈썹달 뜨는 밤에

시상에 인간들아!
웬 시상에 인간아!
저놈의 달이 눈썹달이라고
누가 지었단 말이여
어젯밤 순이 엄니
저 눈썹달 좀 보거라!
저 눈썹달 뜨거들랑 네 눈썹에 붙여주마
시집 못 간 딸년 생각에 눈썹달 지켜보며
쉼 없이 뱉어내는 그 소리는 동이 트고
빠진 눈썹, 눈썹달로 붙이기도 전에
소록도로 끌려간 순이 얼굴만 떠올라서
달라붙은 새가슴 두들기며 속울음으로 운다
해 뜨면 사라지는 눈썹달,
딸 얼굴에 그리고 붙이다가
하늘님 전에
조상님 전에 빌고 빌어봐도
어두운 하늘에 떠다니는 눈썹달마저 사라져버린 오늘 밤
눈썹달 지키지 못한 순이 엄니가 눈썹달 그림자에 빠져
손톱 발톱 스무 톱을 깎아 하늘로 띄운다

동백 숯불 이글대는 밤

동천 수면 위로 눈발 날리고
꽃길 갤러리 베란다 불꽃 검붉다

백 년 묵은 동백나무
숯불로 이글대는 밤
숫처녀 생리처럼 붉고 붉은
새빨간 속불 시나브로 타고 든다

무거운 숯빛 감추는 솥단지 화로
낭만 아버지고 운치 어머니다

구리 적새 위로 굽는 돼지 목살
굵은소금 뿌릴 적에 지글지글 톡톡
입맛 돋는 소리, 살 익는 냄새 진동이다

솥단지 화로 변에 둘러앉은 멍석 시인, 갈대 화가
마늘 고추 파 푸성귀와 김장김치 늘어놓고
목살 한 점

술 한 잔
건네고 건네다 동백 숯불 속 동백꽃으로 핀다

프랑스 센강이 어쩌고
독일의 라인강이 저쩌고
지구촌의 강들이 죄다 오르락내리락
강에 얽힌 이야기 끝이 없다

물 곡선 그리며 예술혼 담는 동천
그곳에는
수제비 쓰는 무색 물꽃도
갈대 일렁이는 바람꽃도
동백 숯불 이글대는 새빨간 불꽃도
새록새록 피어나는 원초적 야외극장이다

동백 숲길 걷는 사람

바닷길 그 길에는 동백 숲길이 있다
피멍 든 상처
이파리로 가려주고
맥없이 끌려다닌 시간
꽃송이로 수를 놓는
동백나무 우거진 숲길을 걷는 사람이 있다

한숨 내쉬며 고단함을 독백으로 달래는 길이지만
도톰한 동백잎에 푸른 윤기가 자르르 흐르고
향긋한 내음
싱그러운 공기를 내뿜는 길이다

가지가지 사이로
붉게 매단 빨간 편지는
미처 부르지 못했던 이름
깜박 잊고 전하지 못했던 사연
동박새가 물어 나르지 못한 서러운 이야기들이
세상 파도를 타지 않고 눈보라에 흩날리고 있다

동백 숲길 걷는 사람은
지아비 바닷길로 보냈던 동백 아가씨 넋을 쫓고
동백나무 숲을 떠나지 못한 백안작 동그라미에 빠져
무서리 내린 동백 숲길 모퉁이를 돌고 돈다

동백 숲길 걷는 사람
그 사람은
젊은 날에 흉터로 남은 아픈 기억을
떨어진 동백 꽃잎으로 뭉개고 있다

노을빛 꽃동네

붉은 노을빛이
갯벌밭 헤집는 곳

빨간 석류꽃이
마음밭 일구는 곳

잿빛 바다에 누워
서바다 호령하는 그곳

그 동네 사람들
익어가는 석륫빛으로
그 동네 이방인
짙어가는 노을빛으로

쉼 없이 거침없이 익어만 가네

구름 어부 붓끝 놀리고
뻘밭 농부 삶을 읊조린

놀빛 동네
석류 동네

내일의 농심을 키우고 있네

술잔 속 갈대 그림

술잔 속에 갇혀 있는 갈대 그림이
손오공을 부르고 있다
저팔계 콧구멍을 드나드는 숨소리는
시끌벅적 꿀꿀거린다
하늘을 날고
땅속을 뚫은 재주는 타고났는지
틈나면 재주 부리고
갈대 그림을 그려댄다
어느 날
해도 달도 별도 따 온다던 그 말 따라
가둘 수 없는 자유를 술잔 속에 가두고
동천 변에 똬리를 틀었다
오늘은
술잔 속에 갇혀 있는 갈대 그림도
영혼 바다를 헤엄치다 지친 자유도
손바닥에 배합된 연둣빛 색채를
한 방울 두 방울 빨아들이고 있다
비우자! 비워보자!
갈대 그림이 갇혀 있는 술잔을

3부

이 또한 지나가리

살을 찢고 애타는 아픔이
가슴속에 새겨지더라도
이 또한 지나가리
환희와 기쁨에 찬 도가니 즐거움이
머릿속에 담기더라도
이 또한 지나가리
이별 앞에 번민하는 싸움이 치열할수록
당신의 말이 미워만 지고
이별 뒤에 따라오는 상처가 깊어질수록
당신의 정은 식어만 가리
만남과 헤어짐은
삶의 고리이건만
별게 아닌 것처럼
남의 일인 것처럼
아무렇게나 생각하지만
날마다 삶의 뿌리이고 열매이리
싫은 사람을 다짜고짜로 험담하지만
그것처럼 아픈 것도

그것처럼 슬픈 것도
이 또한 지나가리

연둣빛 기운이 맴도는 마당에서
사금파리 조각 손톱으로 튕기며
땅따먹기 하던 아이들은 오간 데 없고
검푸른 틈새로 끼어든 철부지는
땅 밥이 된 지 이미 오래
피아골 단풍놀이서 맺은 의돌이는
백의 천사 꼬드겨 줄행랑칠 줄이야
이 또한 지나가리

사슬고리 엮는 악몽의 삶도
별이 되는 빛나는 삶도
이 또한 지나가리

낯선 땅에 핀 인정화

지구의 반대편에 있는 땅
낯설고 물설다는 이국땅에서
당달봉사, 벙어리, 귀머거리로 살아온 반평생
튼실한 꽃, 무궁화를 피웠답니다
해가 중천에 뜰 때면
전답 안주인이 광주리 가득 이고 온
새참 인심이 그립습니다
도랑물에 휘적휘적 손 씻고
얼굴에 흙 묻은 채로 논둑에 주저앉아
갓 절인 생김치
아직 따뜻한 시래깃국
갈치에 무를 썰어 넣은 생선조림
풋고추 된장에 마늘
상추 무 이파리 쌈
고봉으로 담은 쌀밥
그리고 오가는 길사람들을
모두 다 불러들이고
논둑 잔치 벌이는

우리네 농촌 풍경이
썰렁한 이국땅에 안개처럼 피어납니다
시들지 않는 향수병은
방랑시인 김삿갓이 되고
삼천리금수강산 곳곳을 뒤집고
진양, 중모리, 중중모리, 자진모리, 휘모리, 엇모리, 엇중모리
판소리 굿거리에 갈대 무용수를 앞세워 한춤을 추고 싶습니다
척박하고도 메마른 땅
그 땅 위에서 끈질기게 피어난 꽃
끈적끈적한 인정화를 피웠습니다
한이 서리고
정으로 빚은
도행병桃杏餠*을 먹고 싶습니다

* 복숭아즙과 살구즙에 설탕이나 꿀을 넣고 버무린 다음 볶은 꿀팥 소를 넣고 삶아 잣가루를 묻혀서 단자로 만든 떡.

유빙

하얗게 널브러진 유빙 파편에서
휴일을 찾는다

어디서 왔는지
어디로 갈 건지
묻지는 않았지만
그동안 얼었던 시간만큼
헤픈 말문도 얼고 있다
해수가 버리고 간 유빙 몸통에서
잊혀간 사람을 만난다

땅속에 있는지
하늘로 갔는지
알 수는 없었지만
그동안 흘렀던 세월만큼
지난 기억도 얼고 있다
물 빠진 남쪽 바다 유빙 바닥에서
비린내 나는 어물을 반긴다

썩어간 냄새지
부름의 소린지
볼 수는 없지만
그동안 떠다닌 거리만큼
쌓인 유빙도 녹고 있다

저문 햇살 잘라먹는 와온 바다가
유빙을 떠안은 채
세찬 파도에 휩쓸린다

유빙은 물결 따라 울렁이고
덧씌우는 결빙을 기다리다
흔들림을
부서짐을
떠다님을 터득하고 있다

언젠가

언젠가 말했지
起承轉結 이야기를 이미지로 꾸미는 것을

언젠가 읽었지
김소월의 진달래꽃을 사랑으로 묶어보라고

언젠가 들었지
서정시 쓰는 마음으로 세상을 바라보라고

언젠가 보았지
바람 부는 갈대밭에 흔들거리는 무용수들을

언젠가 느꼈지
홀로 가는 산문길에 동반자는 없다는 것을

언젠가 울겠지
필요악인 돈과 명예와 사랑에 속았다는 것을

언젠가 웃겠지
태어날 때도 빈손이고 죽을 때도 빈손인 것을

언젠가 알겠지
인생길 가다 보면 무덤과 밥그릇이 같다는 것을

두레박 삶

두레박 삶
참 많이도 살았다

그까짓 삶, 조금 살려고
이리 엎고 저리 엎으면서
스스로 붙든 불덩이 혹을
끝내 이기지 못하고
온 천지를 쓸고 다닌 한 마리 암고라니

새끼 찾아 푹! 쓰러지는 날
쌍고라니 같은 새끼들 먼 산을 보다가
허겁지겁 겁을 먹다가 슬피 설피 울다가
눈물샘 다 말린 채 찢긴 가슴팍 쥐어뜯고 있다
참 많이도 살았다 두레박 삶을
쑤셔오는 통증이 시간을 채찍질하고
막혀오는 숨통이 새끼들을 부르건만
목구멍이 포도청이라 여물 벌이 가고
혼자서만 움켜잡는 그까짓 삶!

뒤집어봐도 말짱 도루묵이고
엎어봐도 그 팔자를 어이할 건가

더 이상 멈추지 않는 불덩이 혹을
오늘은 맞장을 뜨자
두레박도 깨뜨리고 밑바닥 물도 쏟아
쌍고라니 같은 내 새끼들 목 축일 수 있게
쌍둥이 내 새끼 걷는 길바닥 먼지 일지 않게
별것도 아닌 삶!
참 많이도 살았다

눈빛 섞을 때

바라보는 눈빛이 예사롭지 않다
은근한 그 빛 속에 담긴 이야기가 있다
애써 전하고픈 말
차마 섞을 수 없었을까
살이 떨려오고
오금이 저려오고
숨이 막혀오는 그 눈빛
푸른 바다였다
파란 하늘이었다
아담 눈빛이 그랬고
이브 눈빛이 그랬다
에덴동산에서 섞었던 눈빛처럼
지구촌에서 섞는 말씨가
돌고 돌아 눈동자에 숨어든다
눈빛 섞을 때
살을 섞어야 한다는 것도
할 말이 있다는 것도
할 말이 없다는 것도
그 눈빛은 알고 있다

아직도

평전의 선물인지
거금 나들이는 따스했다
유람선으로 돌아보는
남해 금당도와 거금도서
"아직은 내년보다 젊은데"
그 젊음 지키려는지
그 자태 간직하려는지
시린 가슴 꾹꾹 눌러 가두고
언 손발 호호 불고 비비며
산비탈 타고 오르는 봄바람 소리
아직 아직은

꽃은 피는데 낙화는 웬 말
봄은 왔는데 눈보라는 웬 말
"그래, 대자연도 변수가 있단다"
아직은 지울 수 없는 마음속의 섬 하나
아직도

숲 소리

완도수목원에 가면
안개비에 젖고 바람에 일렁이는
완도수목원 숲 소리가 들린다
청해진 헤치고 백파로 부서지는
그 소리는 백운 숲을 지나 상황 숲으로
천년을 속삭이다가 만년의 소리를 내고 있다
지구촌 언저리 완도수목원에 가면
산림전시관, 수변데크, 동백나무 숲길, 아열대온실이
중앙관찰학습원, 산림박물관이 사람, 사람들을 반긴다
본시, 완도 군외면 대문리 묵밭에는
망초, 둑새풀, 꽃다지, 바랭이, 쑥, 토끼풀,
억새풀들이 쑥대밭을 이루다가
싸리나무, 찔레나무, 진달래의 작은 나무들이
풀밭을 점령하다가
소나무, 주목, 비자나무의 햇빛 반기는 나무들이
키 작은 나무숲을 이루는 나무밭을 내쫓다가
붉가시나무, 황칠나무, 서어나무의 그늘 반기는 나무들이
햇빛 즐기는 나무밭을 잠재우다가

해맑은 숲 소리를 내고 있다
완도수목원 숲 소리는
풀 크는 소리, 나무 크는 소리
물 흐르는 소리, 숲 이루는 소리로
양 귀를 더듬거리다가
온몸을 만지작거리다가
뭇사람을 불러 모으는 튼튼 소리로 메아리치고 있다

망각의 정

거금 연륙교는 망각의 정을 잇는다
풋정의 조각들이 쌓이고 쌓여
잊을 수 없는 사슬고리를 엮고 있다
반도 끝자락 청파 소리로
백사장에 남긴 흔적들을
쉬엄쉬엄 지우고
젊은 날 얼룩진 학창 시절 그 맹세는
기다리다 지쳐 길마중을 모른다
그때 소곤대던 다정한 목소리
그날 맹세했던 차분한 언약은
푸르디푸른 추억 줄기로 뻗어 올라
바닷속을 헤집고
하늘 끝을 붙잡아
이루지 못한 풋정을 모으고 있다
민얼굴에 쓰였던 태곳적 이야기와
바람 소리에 실려 온 지난 이야기를
날마다 파도로 지우는 연습은
예나 지금이나 다르지 않건만

늙어버린 송림 숲과
퇴색된 백사장만이
손가락 걸었던 그 약속을 농으로 받아넘기고
닳고 닳은 기억력을 지닌 몽돌에게 떠넘긴다
뒤돌아보고 싶지 않은 씁쓸한 이야기일지라도
그날에 나누었던 순정이와 우정이를 찾아보자고
짝 잃은 철새가 물고 온 처절한 바다 이야기를 들어보자고

풋정을 주워 끼우며
망각의 정을 잇고 잇는다

가위바위보

가위바위보!

어린 꼬마로 자라던 그날부터 배우고 익혔던
이기고 지는 놀이를 지금도 하고 있다

고사리손으로
다섯 손가락을 폈다 오므렸다 하면서
필사적으로 이기려 했던 놀이 중 놀이였다

두 손가락을 펴면 가위가 되고
다섯 손가락을 쥐면 바위가 되고
다섯 손가락을 펴면 보자기가 되는
그 약속을 누가 정했는지 알 수는 없다

가위는 바위를 이길 수 없고
바위는 보자기를 이길 수 없고
보자기는 가위를 이길 수 없다는
삼각관계 속의 미묘함은 언제나 궁금증이다

아무리 풀려 해도 풀 수 없는
가위바위보다

그 손가락 놀림은 언제나 삶의 활력소로
이기고 지는 인생론을
지고 이기는 인성론을

요즘 아이들은
거침없는 묵찌빠로
시간을 사고판다

해 꼬리

빛 가시 돋아나
눈부시게 쏘아댈 때는
바라볼 수 없었던 해님

뭉그러진 빛 가시 곱게 눕혀두고
선홍빛 아쉬움을 해 꼬리로 휘감는다

눈부신 몸매 동그랗게 그리다
닳고 닳은 세방 갯바위 비춘다

범선처럼 밀려오는 백파 떼를
내쫓는 해님은
쏴아~ 철버덕
쉼 없이 들려오는 파도 소리에
귀 기울인다

선홍빛에 젖은 해 꼬리
서쪽 바다 물속으로 스며든다

또 다른 빛 가시 돋우려는
내일을 준비하는가 보다

비 맞는 해당화

부슬부슬 봄비가 내리고 있다
도심 거리는 차량 행렬로 질퍽거리고
한 그루 해당화는
길모퉁이서 비를 맞는다
중국 소설의 주인공처럼
자식을 위해 도둑이 되고
자식을 위해 목숨을 바친
순수하고 숭고한 부성애가
길바닥에 내동댕이쳐진 채로
지난밤 이부자리가 그립다
희미한 기억이 되살아나고
잊혀가는 부성애가 싹트는
봄비 내리는 도심 거리
그곳에는
따라다녔던 그림자도 없고
닭장 같은 아파트 숲만이
빼앗겨 버린 하늘 자락 붙잡으려 한다

해당화 한 그루 비를 맞고 있다

깨진 접시 하나

이봐!
시월 보름이래
저~ 달 조금 봐봐!
지난 그믐밤
송 시인이 깨뜨린
접시 조각 하나가
하늘 떠다니다가
어둠 먹고 자라서
보름달이 되었다나?
먹거울 바라보고 미소 띠며
시월 바다에 뜨고 있잖아
야윈 얼굴
다소곳이 내밀고
후미진 밤바다 떠돌잖아
비바람 몰아치고 먹구름 낄수록
바닷물 마시고 어둠 곱씹은
깨진 접시 하나
검푸른 시월 바다
보름달로 뜨고 있나 봐

땀띠

땀띠는 말한다
송골송골 맺혀
대굴 대구루 구르는
땀방울 자국마다 땀띠는 솟는다고
따끔따끔 쏘아대고
움찔움찔 가려워서
손으로 긁다가 막대기로 긁는 괴로움을
겪는 사람만 알고 있다는 것을
더위에 찌들고 지친
갈색 피부 표면에 땀으로 솟아
그 무게 못 견디고 그 열기 못 식혀서
좁쌀만 한 붉은 돌기 떼로 솟는다는 것을

노지에서 철쭉 삽목하고
정다운 친구 서연이가 찾아온 날
호박잎에 젓갈에다 쌈 싸 먹던 날
땀방울에 땀띠는 땀 쌈으로 몰아 입으로 들어가고
학창 시절에 흘렸던 땀줄기는 지금에야 나타난다는 것을

땀띠는 말한다
붉은 돌기로 솟은 좁쌀만 한 땀띠 줄기는
밤하늘에 선명하게
빛나는 별무리라고

4부

낯선 원고지

낯선 원고지에
빈 얼굴이 다가선다
서툰 글이 새겨진다
네모진 칸칸마다
아른대는 그 얼굴에
또록또록 새긴 그 글씨는
제사장의 흉배인가
노시인의 넋두린가
파랗게 펼쳐지는 하늘에서
푸르게 색칠하는 바다에서
손사래 치고 발랄했던 갓 머금은 꽃들을
갯물 속에 생매장한 세월호 참사를
어찌할까
어이해야만 할까
사각으로 짜인 틀 속에
청순함을 가둬두고
정직함을 꺼내 드는
오늘은

위정사의 내일일까
낯선 원고지에
빈 얼굴도
서툰 글씨도
침몰된 세월호도
흐릿하게 아물거린다

노란 리본의 왕

–바보 왕

노란 리본의 왕
어~허리 버~어리요, 어리버리요
노란 손수건 펄럭이며 가시나이까?
노란 종이비행기 타고 가시렵니까?
두려움도 무서움도 주저하지 않고 먼 길 떠나시는 님!
어~허리 버~어리요, 어리버리요
"삶과 죽음이 한 조각이다" 그 한마디 남긴 채
봉화산 부엉이바위서 부엉이 울음 우셨나요
"누구도 원망하지 마라, 미안해하지도 슬퍼하지도 마라"
억누르는 감정을 어이 삭였나요
어~허리 버~어리요, 어리버리요
"봉하마을 언저리에 작은 비석 하나 세워주라"
밀짚모자 눌러쓰고 잠바 차림으로 자전거를 타다가
초석 깔고 음식도 먹고, 동네 사람들과 정담 나누는
이장 대통령, 작은 대통령, 낮은 대통령, 울보 대통령, 바보 대통령
어~허리 버~어리요, 어리버리요

노란 손수건 목에 걸고 오시렵니까?
노란 종이비행기 타고 오시렵니까?
당신이 좋아한 노래 〈상록수〉와 〈작은 연인들〉
애써 불러보는 국민들의 가슴팍에 끊이지 않는
뜨거운 눈물만이 어~허리 버~어리요, 어리버리요
당신 떠나시는 날
먼 길 떠나시는 날
민주도 울고 민초도 울고 울어
어~허리 버~어리요, 어리버리요

소풍길 낙서였음 좋겠다

섬진강 물줄기 휘어 흐르고
모래톱 드러눕는 하동 백사장
소풍 장소로 점찍던 날
밤잠 설치며
휘갈겼던 소풍길 낙서는
간직할 수 없는 휴지 조각으로
훌훌 날리다가 강물 따라 흐른다
농장 선돌에 새길 “흐르는 강물처럼”
흐르는 시간을
뚝배기 친구 걸쭉한 말씨에서 줍고
춤추는 아이 산, 그리메서 찾는다
거스른 세월
그 꼬리를 무는 지금
노란 리본 달고 아이를 기다리는 지금
미쳐버린 사회로 줄달음치는 지금
어느 한 군데도 성한 데가 없는 지금
멈출 줄 모르는 시간 위로 상처투성이인 지금
살아 있어도 살아 있다는 말을 못 하는 지금
소풍길 낙서였음 좋겠다

바로 그곳이란다

살면서 아니 갈 곳이 있단다
살아가면서 피해야 할 곳이 있단다
꼭꼭 가지 말아야 한단다
바로 그곳이란다
하얀 시트 위로 냉기가 흐른다
희멀건 눈동자에 병마를 매단 채로
엎치락뒤치락거리다가
주삿바늘에 꽂히는
환자, 환자들
병상에서 바둥댄다
병실에 들어서야 아픔을 느끼고
병상에 누워서야 상처를 감싸는
치료하는 사람, 어린 잔소리 더듬는다
몽롱하게 들려오는
그 목소리
그 말의 뜻
어렴풋이 깨달을 때
병상의 밤은 깊다

제자리 마음

로스앤젤레스 가는 비행기를 탔다
만 피트 하늘에서 나는
속도와 높이는 제자리다
내 마음도 제자리다

잠시 잠깐
구름이 오가고 생각만 다를 뿐
창공은 그대로다

도쿄, 이카와 등 일본이 지나가고
중국이 손짓하며 인도가 다가와도
하늘은 제자리다

지위의 높낮이도
자리의 넓고 좁음도
거리의 멀고 가까움도
인생의 살고 죽음까지도
한낱 방하착일 뿐

땅에서 솟구치는 순간
하늘을 나는 한 마리 새다

“남자는 하늘이고 여자는 땅이다”라는
옛말도 푸르름에 묻힌다

어디가 시작인지
어디가 끝인지도 모르는 하늘에서
하늘을 담을 수 있는 마음 그릇은
언제나 제자리다

저 불덩이를

어쩐다냐? 저 불덩이를
언제부터인가
이글거리는 불덩이 하나
빼빼 마른 가슴팍에 옮겨붙어
빈속까지 태우고 있었다

어쩐다냐?
치마폭 속에 숨은 어둠이 산허리 돌아올 때면
그 불덩이 식히려는 사람들이
허름하고 삭아버린 도심 거리 방황하는 사람들이
쌍검무를 추는 듯 비틀거리는 저 불덩이를
어쩔 것이냐?
밤과 낮이 숨 가쁘게 돌아가고
물과 흙을 쉼 없이 뿌려보아도
불덩이 하나 꺼지지 않고
타고 끓는 연습만 되풀이하는 것을
어쩐단 말이냐?
때로는 갯벌밭에 처넣고 지근지근 밟아보다가

때로는 황토 속에 파묻고 저 홀로 가두어보다가
때로는 죽순밭에 내몰아 작신작신 두들겨 패도
꺼지지도, 식지도 않는 저 불덩이를
어찌한단 말이냐
바다에 빠뜨리자
하늘에 던져보자
모양도 없고 형체도 볼 수 없는 저 불덩이는
어느새 혹으로, 큰 혹으로 크고 있음을

말꽃

차갑다
따스하다
말에도 온도가 있다

당신은 얼굴만 예쁘다
당신은 얼굴도 예쁘다

꽃보다 아름다운 당신을

스마트폰에서 언어꽃이 피었다
"당신은 몸매도 예뻐"
그 한마디에서 싱글벙글
따스한 훈기로 하루가 짧다

스마트폰에 얼음꽃이 피었다
"당신은 몸매만 예뻐"
그 한마디에 삐죽삐죽
차가운 냉기로 하루가 길다

잠시
스마트폰을 도배하듯
수많은 언어들이 잡초처럼 무성하다

도와 만의 온도 차로
웃음이 절로 번지며
언어꽃이 절로 피는
스마트폰 액정 위로 온도가 뜨겁고

만과 도의 온도 차로
짜증 섞인 목소리는
말꼬리까지 흐려지며
스마트폰 스피커로 온도가 차갑다

옛날에도 그랬듯이

벽과 담

"뭣 땜시, 벽을 치고 산단 말이여"
"뭣 땀에, 담을 치고 산단 말이여"
"그놈의 세월, 참! 무심도 하구만"
"오고 간지조차 몰랐는디,
폴시께부터 흰머리가 나불고, 허리가 꼬부라져 부렀당께!"

팽팽한 살갗은 세월이 훑어가고
윤기 흐르는 곡선미를 일터서 잃어버린 삶의 끄나풀
그 끄나풀을 끌어당기는 고목나무가 벽과 담에 부딪친다

뿌리를 내리려는 몸부림에서
새싹을 돋우려는 부대낌에서
올곧게 자라려는 가지치기에서
갖은 일에 파묻혀 평퍼짐하고 굳어져 버린 고목나무는
허름한 벽과 담을 허물고 있다

세월의 벽이 두꺼워갈수록 삶의 벽이 얇아만 가고
세월의 담이 높아만 갈수록 정의 담이 낮아만 가는

고목나무의 나이테가 세월의 벽과 담에 걸리고 있다

숨겨놓은 열매는 없다
속 빈 쭉정이라도 좋다
세월 담은 허물어진다
세월 벽도 허물어진다

담장 위로 자란 고목나무 가지에
까치밥이 달려 있다
한 마리 새가 까치밥을 쪼아댄다

용쟁이에 비친 물그림자

야! 이놈아!
상추밭 주인이 악을 쓴다
상추밭에 똥 싸고
상추밭 헤집다 들킨 놈이 도망을 친다

숨이 턱턱 막히고
콧구멍 들고 나는 냄새까지 타들고
입천장 목구멍은 온통 용광로다

헐레벌떡 몰아쉬는 가쁜 숨은
겨우겨우 찾은 용쟁이서 고르고
손 짚고 엎드린 채로
“벌컥벌컥 켁켁”
“두 근 반 세 근 반”
도둑 샘물 넘어가다 체하는 소리
도둑 가슴 뛰다 멈추는 소리만

도망치다 한숨 돌린 놈 왈

"어허! 깐딱했으면 물 체어 죽을 뻔했네"
"저 용쟁이에 비친 물그림자 좀 보소"

한참 만에
들여다본 옹달샘
그 물 위에 도둑놈까시 뜨고
그 샘 속에 상추쌈 한 몽달귀신 엿보며
한 서린 고려 여인네들
흡수귀吸水鬼로 비쳐온다

신기루 도시

얼마나 목이 탔을까?
왜 이리도 말랐을까?
멀리서 바라보이는 저 물바다
가까이 가면 사라져버리는 신기루다
사막의 요술이다
인디언의 꿈이다
모하비사막에서 피어난 그 꿈
피를 뿌리고 뼈를 부수는 역사였다

탐욕이 뭔지도 모르는
인디언들의 울부짖음이 들린다
아부 아푸우

작은 꽃송이로 피어나
푸른 꿈을 꾸었던
인디언의 노래가 흐른다
인도 인도우

빼앗겨 버린 땅
그 땅 위에 피어난 라스베이거스
죽음을 부르는 인디언들의 넋이다

밤에 피어나는 도시
불빛 타고 도는 환락의 도시
큰 물방울이 작은 물방울을 따먹는 도시
신기루 도시다

비조

도로가 얼었다
보이지 않는 빙판이다
머릿속에는
조심조심이라는 단어가 기어 다닌다
빙판 도로를 얼마나 갔을까
조심이라는 단어가 숨어버렸고
빙판 도로도 까먹었다
허리와 다리를 다쳤다
병원에서 티브이를 켰다
빙판 위에서 펼쳐진 피겨스케이팅 대회다
직면의 딱딱함을 미끄럼으로 승화시키고
곡면의 부드러움을 온몸으로 미화한다
간혹 고난도 기술을 시도하다
휘청대고 넘어지는 선수도 있지만
평범한 빙판을 걷다가 넘어지는 선수는 없다
한국 선수 김연아가 출전한다
피겨의 여왕답게
피겨의 여신답게

황홀경에 빠지게 한다
아차! 실수다
고난도 회전 연출을 연이어 하다가 엉덩방아를 찧는다
그래도 한 마리 백조 같고 한 송이 백합꽃이다
실수를 만회하려는 그녀의 몸동작은 비조다
그녀는
빙판에서 살았다
비조처럼 날았다

뚝배기 친구의 엄지 척

내 친구 뚝배기는
엄지 척의 마력을 지녔다
뚝배기에 가득 담은 정
연약한 손바닥에 부어주며
활기 모으는 손놀림도 부어준다

따라서 해보세요
손바닥을 쭉 펴세요
손끝부터 감아서 쥐어보세요
주먹을 불끈불끈 쥐어보세요
엄지를 똑바로 펴보세요
최고라는 자신감이 샘솟지요
그게 바로 엄지 척이래요

아빠도 엄지 척
엄마도 엄지 척
모두가 엄지 척
엄지 척으로 힘 돋고

팔목 핏줄도 불끈 솟아
바라보는 눈동자도 빛난다

내 친구 뚝배기는
엄지 척의 괴력을 지녔다

하늘의 기를
바다의 기를
땅의 기를
숲의 기까지도 불어넣어
힘없는 사람에게 엄지 척!
소외된 이웃에게 엄지 척!
힘 모으고
정 모아주는
엄지 척, 엄지 척을
뚝배기로 부어주고 있다

산문길

談言

산문길이 그리도 바쁘던가
뭐 하려고 그 길을 서둘러 갔는가
산문길, 그 길모퉁이서 쉬어서라도 가야지
바보 천치처럼 곧장 가는 담언이 될 줄이야
꿈에도 생각 못 했네
이 몹쓸 사람아!
아직은 할 일이 남았는데
왜 그리 급하게 가야만 했는가
동백 꽃잎 아직도 붉고 붉은데
담언이 지어준 돌산갓
순동이 늦동이 신동이는 뜨고 있는데
돈다발에 밀리고 사심에 얼룩진 그 명예
이마에 붙이고 목에 건들 쓸모없는데
위선자와 비겁자만이 가질 수 있는 그 왕관
땅바닥에 패대기치며 짓밟고 짓이기고 있는데
어이해 되돌릴 수 없는 산문길을 떠났단 말인가
이 사람아!
약속한 사람아!

붉은 돌산 동백꽃 툭 떨어진 12월 21일 새벽
차디찬 살결 매만지며 어쩔 줄 모르는 아내
생시런가
꿈이런가
이 일을 어이할 건가
차라리 꿈이라면 꿈이었으면
온 세상이 캄캄했네
談言은 떠났지만
그림자처럼 뒤따랐던 처자식
어려움에 앞장섰던 피붙이들
그를 지켜보았던 싸인 회원들
값진 우정만을 나눴던 친구들
한마음 한뜻으로 산문길 비추는
해와 달 그리고 별무리가 되리니
언젠가는 따라가야 하는 산문길
그 길은
눈을 감고
눈을 뜨는
눈까풀 세상이라네

평창의 인면조

지구촌 사람들의 빙상 잔치는
평창올림픽으로
평화올림픽으로
평평 인면조로 새겨진다

헉헉헉 우짖고
헐헐헐 악쓰며
하늘땅을 잇는 인면조는
동심으로 춤춘다

타오르는 성화 빛 별들
지켜주는 수호랑도
반겨주는 반다비도
휘파람 불고 불며
비둘기 노래방을 만들고
어제의 땀방울을
오늘의 핏방울을
내일의 통방울로
평창의 인면조는 날고 난다

오륜기처럼 잇고 잇는 사람들
분단의 아픔을 아는지
이별의 눈물을 아는지
너와 내가 따로 없고
모두가 하나다
우리는 하나다
오로지 평창
언제나 평화
누구나 화합이라는 단어를

세계인은 외친다
컬링의 불모지에서
영미! 영미! 유행어를 낳고
승패를 떠난 인간애가 꽃피는
평창의 인면조로 살아가기를

원으로 시작해서
원으로 끝나는 법을

5부

새몰뜨락*

새몰 그곳에는
별빛 내리는 뜨락이 있다

그 뜨락
끝자락은 해묵은 청바구가
방석으로 똬리 틀고
앞마당 땅바닥에는
파릇한 잔디와 꽃나무 수석들이
잘도 어우러져 새바람을 일으키고 있다

예부터
새몰 텃밭 뜨락에는
간난 꽃 간난 이파리 갓난이가
달빛 끌어오고
별빛 뿌리게 하는
밤의 궁으로
하늘지기와 땅지기가 살았다
날마다

새몰뜨락, 그곳에는
파름한 달빛
초롬한 별빛 모아
만화를 그리고 동화를 쓰는
간난 필담이 하루를 소일하다가
이슬방울도 굴려보다가
하늘땅 소리를 엿듣는다

* 순천만 옛 이름.

순천만

순천만
그곳에는
정든 여인네의 손맛이
갯벌 따라 질펀하게 널려 있고
눈에 익은 그림들이
해변 따라 올망졸망 그려지며

땅끝도
하늘 끝도
삶이 눕는 침대로

순천만 갈대 소리

순천만 갈대밭을 거닌다
서걱서걱 빈 몸 부딪는 소리마다
갯내음 묻어오고
휘릭휘릭 긴 잎 부딪는 소리 속에
아낙 삶 밀려온다
꺽다리 갈대가 부르는 으악새 노랫소리에
신바람 일어나고
먼 길 날아와 우짖는 철새 떼 울음소리에
갈바람 누워 잔다
보이지 않는 바람은 소리소리 지르며
순천만 갈밭을 마구잡이로 짓밟다가
숨죽여 누운 갈대를 슬그머니 일으킨다
순천만 갈대 소리 듣는다

갈밭 쓰는 갈목비

갈목비가 갈밭을 쓸고 있다

순천만 해수로 따라
널브러진 이야기 조각
쓸어 담은 갈목비
열세 편의 절절한 돗자리 노래가
솔섬을 휘돌아 용산을 깨운다
시의 표준어는 전라도 사투리고
시의 운율은 판소리 가락이라며
투덜대고 한숨짓던 생강 같은 푸념들이
역겨운 향토 색깔로 서울 거리 활보하던 날
먹물 번진 손가락 총, 수없이 맞았던 그날
장목비 마다하고 갈목비 붙잡았던 세석평전
먹구름 한 점 늘였다 당겼다 하늘 바라보고
갈대밭 갯길 쓸었다 담았다 허허로움 달랬다

평사야
시가 뭣이더냐

함께하지 못한 시간이 내내 아쉽다

갈밭 쓰는 갈목비처럼
세석의 돈오돈수로 육자배기를 쓸어라
평전의 두루마기로 판소리 가락을 쓸어라

꽃차를 마시다가

꽃차를 마시다가
새봄이 드러누운 꽃꽃이 자기를 훑어본다
파르스름한 자기 그릇에는
매화 가지와 산수유 가지가 꽂혀 있고
접시 이파리와 매화 꽃잎이 동동 떠 있다
하얀 호리병 자기는
조선시대 거스르다가 백자를 구워내고
푸른 호리병 자기는
고려시대 쥐어짜다가 청자를 빚어내며
영롱한 그 빛에 사로잡혀 일본으로 끌려간
도공들의 넋으로 피어난다
낙안읍성 생태 체험 목련방 안에는
정 많고 끼 많은 사람들 둘러앉아
예술혼 꿰매어 꾸러미로 엮고
풀풀 풍기는 삶도 엮어
꾸밈없는 골동품이 되고 있다
꽃샘추위가 목련꽃 살 후비는 봄밤이다

정담 엿듣는 달님

반가움에 겨워
정담 나누는 밤
청태산 등줄기 타고
기어오르는 둥근 달은
산새 어둠 닦아내고 있다
정에 낀
미쁜 투정일랑
둥근 얼굴로 비비고
하늘, 땅 땟자국 빛으로 닦는다
술잔 오가고
젊은 추억밭 일구는 그 밤
세파 타고 넘은 얼굴 만지고
비운 마음 또 비우며
웃음 떠나지 않는다
밤새
세월 때 닦는 밤
큰 소나무 뒤에 숨어
정담 엿듣는 달님도
비틀대며 웃는다

얼굴 없는 안개 도채비*

하얗게 뒤덮는 새벽안개는
낙안 성곽길을 오르내리다
얼굴 없는 안개 도채비로
돌담길을 누비고 있다
희뿌연 안개 솜 내리깔고
온 세상 가리는 듯 흐물거린다
슬슬 풀리는 몸통을 성문에 기대고
누르스름한 초가지붕 스르르 오르고
굴뚝 냉갈 만나 몸을 섞는다

냉갈 도채비는 안개 도채비로
안개 도채비는 냉갈 도채비로
서로서로 뒤엉키다가
얼굴 없는 안개 도채비로
눈가림을 배우고 가까움을 익힌다
얼굴 없는 안개 도채비는
멀고도 가까운 길을
뽈로 더듬거리고

낮은 몸체로 나돌며
아침을 나르고 있다

* '도깨비'의 방언.

한가위 달이 뜨는 낙안성

한가위 달이 뜨는 낙안성에는
들뜬 마음의 여인네들이
성곽을 밟다가
그네를 타다가
달마중을 나가고 있다

한가위 보름달은
오봉산 등허리를
슬슬 기어오르고
낙안성 동네 어귀 쳐다보고
은행나무 뜨락에서 숨바꼭질하잔다

술래가 된 달님이는
상기된 얼굴로
당산나무 뒤로 숨고
은행나무 돛대가로 숨고
동네 샘 옆으로 숨은

철수 영희 바둑이를 찾다가
낙안성 돌담에 부닥치다가
연못 속에 숨어 있는 잉어 떼 내몰고
연잎에 졸고 있는 청개구리 찾는다

한가위 달이 뜨는 낙안성에는
하얗고도 새하얀 달빛 망을 쓴
낮도깨비들이 숨바꼭질을 하고 있다

한가위 달을 보며

둥그런 보름달이 뜨고 있다
어느 한 곳도 찌그러지지 않고
어느 한 곳도 가리어지지 않는
저 달은
한가위 깊은 밤을 지새도록 지키려나 봐
그 옛날
솟아오르는 저 달 보고 속삭였던 사람들
사금파리 같은 이야기가 다시금 떠오르는 오늘
소꿉친구도
소꿉 도구도 찾을 수 없다
뒷동산
구부러지고 옹이 져서 아무짝에도 쓸모없다던
그 소나무만이 적홍색 아름드리로 버티고 서
깨진 맹세와 빛바랜 이야기를 끄집어내는 밤
한가위 밤이다

커다란 보름달이 뜨는 뒷동산을 기어올라
망태에다 달을 따 담는 동네 아이들처럼

모아진 마음이 다시금 모아지는 밤
당의정 삶, 씹고 씹어 쓴맛도 나누는 밤
우리는
쫙 달라붙은 뱃가죽 늘리고
누르스름하고 탐스러운 '보름달 빵'을 씹는다

팔진미* 밥꽃

우뚝 솟은 금전산 큰바위골
절벽 타고 피어나는 석이버섯은
하늘이 준 백성들의 밥꽃이다

백이산 고사리
오봉산 도라지
제석산 더덕은
산신령이 내려준 호위장군으로
푸르디푸른 낙안 산천 지킴이다

성북리 무
남내리 미나리는
아부지 발자국 소리로 자라고
서내리 청포묵은
어메 손끝에서 우러난 맛이다

발길 드문 용추계곡
해와 달이 화장하고

비와 눈이 넘나들어
애써 키워낸 해맑은 천어는
거북선 노를 달고 남해 물길을 꿰찬다

조선 수군 넋을 달래고
충무공 넋으로 피어난
낙안 땅, 팔진미 비빔밥
만백성이 즐겨 찾는
붉게 핀 밥꽃이다

* 금전산 석이버섯, 백이산 고사리, 오봉산 도라지, 제석산 더덕, 성북리 무, 남내리 미나리, 서내리 청포묵, 용추계곡 천어도, 임신왜란 때 이순신 장군께 대접한 낙안읍성 음식.

씻김굿

금강산 한 자락 뚝 떼
옮겨놓은 듯한 금전산 중턱
알칼리성 온천물에 알몸을 담근다

입소문
귀동냥으로
소문난 낙안 온천수는 미끄럽다

비누 샴푸 거품 세제 없이도
방울방울 맺은 작은 물방울은
스르르 미끌미끌

탕 속에 들어간 노스님
아! 시원하다
와우! 시원하다를 연발한다

그 소리에 탕 속으로 첨벙 뛰어든 아이
아! 뜨거 어! 뜨거 소리를 지르며

이상스러운 눈초리다

뱀 혓바닥 날름대는
사탕발림으로
완장 지키려는 위정자의 말처럼
노스님의 말도

아니 아니야
위정자는 벼슬아치고
저 노스님은 中도 人도 아니야
하지만 덩달아 미끄러지고 있어

욕탕 안에는
발가벗은 알몸들이
부끄러움도 없고
위아래도 없이 그저
때 빼고 광내는 씻김굿이다

장밭골*의 멱

엄마 음성 들려온다
얘야! 멱 감고 가거라

올 때도 청순하게
갈 때도 신선하게
장밭골 계곡물처럼 살거라

땡볕 파고든
지친 살갗은 검붉게 타들어 가고
속내 식히는 땀방울은 온몸 비집고 솟아 나온다
엄마 품으로 껴안은 조계산 숲은
사납게 쏘아대는 땡볕 가시를 송두리째 빼앗고
엄마 가는 가슴골 닮은 장밭골 계곡은
짭짤하고 쓰라린 간기를 말끔히 씻으며
멱 감는 또 다른 삶을 일깨운다

엄마 멱 감고
정화수 떠놓은 그 물이

바다로 갔다가 하늘로 갔다가
조계산 장밭골에 스며들어
몬당**에서 계곡으로 모아진다

얘야!
오고 가는 길목에 설 때마다
멱 감으며, 참살이 삶을 살거라

* 순천시 조계산에 있는 맑은 계곡.
** '꼭대기'의 방언.

구상나무 지팡이

지리산 등산길이다
정든 사람끼리 담소 나누며 간다
세월 이기지 못해 넘어진 구상나무가 길을 막는다
누워 있는 원목 끝 잔가지 하나 분질러 지팡이 만든다
더듬더듬 계절을 헤치며 천왕봉을 바라본다
기암괴석 사이사이에 피어 있는 들꽃에게 말을 건넨다
"어찌 그리도 청순하고 예쁘게 피었냐"고

꽤 오랜 연륜 탓이라 절벽 돌밭이 두렵다
큰 바위 돌기도 받고 황토 속 진기도 마신다
투박투박 흙길을 걷는다
재잘대는 새소리가 감미롭다
뇌를 식혀주는 피아골 물소리도 들린다
직전 바람결이 세차다
떨어진 단풍잎을 휘모리로 몰아친다
물오른 판소리 득음처럼 지리산이 쩡쩡댄다
구상나무 지팡이가 춤을 춘다
이기지 못한 세월을 또다시 거스른다

하늘로 솟다가
땅으로 묻다가
살아서 천년 죽어서 천년을 되풀이한다
참살이 지팡이로 살아갈 것을

집시랑물*

낙안성 초가지붕에
세차게 떨어지는 빗방울은
추녀 끝 집시랑물로
수직선을 긋다가
수평선을 긋는다

어느덧
고향을 잃어버린 빗방울은
옆으로 모아지고
밑으로 모두어서
이정표 없는 곳
낮은 곳만을 찾아드는
유랑시를 쓰고 있다
고랑과 도랑을 헤매고
계곡과 골짜기를 훑고
개천과 강을 쏘다니다
바다로 흐르는 빗방울은
모닥이는 소리 콸콸 주르르

한 방울
두 방울 큰 방울로
고향 찾는 빗방울은
하늘땅을 오르내리다가
낙안성 초가지붕
집시랑을 타고 있다

* 초가지붕 추녀 끝에 떨어지는 물.

| 해설 |

여여한 삶과 시

송수권 시인 · 한국풍류문화연구소장

김용수 시인의 삶은 시 그 자체로 드러나는 여여함이다. 더함도 덜함도 과포장도 없이 꾸밈없는 언어가 시 세계를 이룬다. 팔공산에서 시작되는 섬진강이 다미샘의 물 뿌리에서 남해의 난바다에 이르러 여러 작은 섬을 밀어 올리듯이 그의 굴곡진 삶은 강물 같은 서사narrative를 이룬다.

때로는 뎅이굴 같아서 거칠고 투박한 언어가 질척일 때 있지만 그 뎅이굴을 까고 들어가면 알굴이나 모래 곰삭은 진굴젓 같아서 오래도록 미네랄의 미향이 가시지 않는다. 이는 그의 시가 편형식주의의 겉멋을 취하는 것이 아니라 편내용의 삶의 무게에 철학성을 던지고 있기 때문이다. 따라서 시 작업도 점수의 기법이 아닌 돈수의 기법이며 술이述而가 아닌 생이生而의 기법이다. 그의 삶 자체가 생득적으로 여류如流의 삶을 지향하고 있기 때문이다.

하늘로 승화한 어머니 강은
지리산 씻어 내린 물방울이다
산자락 구석구석 헤집고
강바닥 높낮이를 더듬어
염창을 지나 널따란 백사장 만들고
하동포구 굽이쳐 남바다로 흐른다
비바람몰이 개구리들이
가 게 기 고 구… 하 헤 히 호 후…
금빛 모래톱 켤 때는
여인의 강, 춤을 추다가
어머니 강, 노래를 부른다
평사리 뜨락
나물 캐던 누이가
꽃물결에 맞선 지도 이미 오래
강바람에 기댄 지도 벌써 옛날
그래도 어머니 강은 여인의 미덕 잃지 않고
불어터진 젖무덤을 치마끈으로 칭칭 동여맨다
물장구치다 들킨 강바람도
머리밭을 쓰다듬는 강줄기도
후미진 망덕포구 강바닥에 다다르면
어머니 가슴팍에 아름아름 새겨지는

손바닥 같은 섬진강 벚굴밭에서
한눈파는 세월 강에 붙들린다
멈춤도 쉼도 모르는 어머니 강은
가끔씩 무지개다리 만들고
바다로
하늘로
물길 따라 흘러간다
–「어머니 강」 전문

누구나 읽어 쉽게 알 수 있듯이 『노자』의 6장 곡신불사谷神不死의 만물유생萬物有生을 노래한 작품이다. 이는 모성에 근원을 둔 아니마의 강이며 "하늘로 승화한 어머니 강"은 인간이란 단역의 길을 벗어난 우주의 포괄적 어머니가 된 강으로 그 치마폭으로 만물을 길러 먹이는 강이다. 『노자』에 의하면 이 어머니는 현빈玄牝 마마라 할 수 있다. 『노자』에서 핵심 문장을 취한다면 '아름답구나, 현빈의 아랫물(자궁)이여是謂玄牝之門!'가 될 것이고, 이 자궁에서 흐르는 물은 '천지의 뿌리是謂天地根'가 될 것이며, 쓰고 써도 마르지 않는 '마중물' 같은 생명의 근원이 될 것이다. 이는 곧 노자의 철학이 그렇듯이 '에로스의 미학'으로 이 세상 천지만물은 서로 호응하고 조화롭기 때문이다.

따라서 모두가 떠올리는 '어머니 강'은 그의 인생론적 비의가 될 것이며 그의 시 세계를 단박에 꿰뚫는 키워드가 된다. 물의 순환법칙은 높은 데서 낮은 데로 흘러 온갖 더러운 것을 다

받아주기도 하지만 가장 낮은 데서 높은 하늘로 올라가 한 방울의 빗물이 되어 우주를 적시기도 한다. 『노자』에선 이를 두고 거선지居善地라 한다. 즉, 물은 가장 낮은 데 처하기를 좋아한다.

움막에 밤비가 내린다

있어달라는 이슬비도
가달라는 가랑비도 아닌
한가위를 앞둔 보슬비가 내린다
움막의 적막을 깨는 빗소리는
상처 난 가슴을 후벼 파면서
잔잔해진 마음 한구석을 출렁인다
살을 섞은 사람도
피를 나눈 사람도
연을 맺은 사람도
모두가 자기만의 삶 속에 묻혀 있는 밤
움막에 내리는 밤비만이
정에 허기진 사람을 붙잡고
갈증 난 풋정에서
애교 떤 애정까지
하나 둘 끄집어서 밤비에 젖게 하고
움막의 옛정을
밤비 타고 내리게 한다

밤비는 움막을 적시다가
황진이가 띄운 신발 배를 타고
정에 굶주린 옛정을 적시고서야
밑바닥에 고여 있는 미운 정을
또다시 섞는다

멀고도 가까운 사람
식어버린 속정을 지핀다
–「움막에 내리는 밤비」 전문

비애의 정서를 주조음으로 깔고 있다. ‘움막에 내리는 밤비’를 두고 구체적인 사건은 제시하지 않고 있지만 그 비는 한가위를 앞둔 보슬비로서 매우 촉촉하게 감성을 적시는 비라는 사실에는 틀림없다. ‘천하 대지가 다 내 집인데 따로 등기를 할 필요가 없다’는 그의 아포리즘처럼 호언장담은 결코 객기가 아니라 그의 본성에서 우러나온 말이라는 것을 나는 잘 알고 있다. 그의 움막은 지금도 시내에서 멀리 떨어진 산속에 있다. 손수 지은 집으로서 시내에서 지친 신간을 쉬일 만한 공간인 셈이다.

한가위를 앞둔 백결 선생 부인의 방아 찧는 소리 같은 비애스러운 감정은 그의 시 전반에 흐르는 정조情操이기도 하다. 젊어선 신병身病을 짊어지고 산속에 들어가 삶의 지혜를 깨치고 나온 후 여러 언론사를 들락날락하면서도 칠십이 되도록 집 한 칸 마련 못 한 그의 삶은 운수 행각 그대로일 듯하다.

두레박 삶
참 많이도 살았다
–「두레박 삶」1연

그런데도 그는 한 번도 한스러워하거나 좌절하거나 하는 아픔을 토로한 적 없다. 이 세월이 얼마인가? 그러면서도 곧잘 풍류를 논한다.

한가위 달이 뜨는 낙안성에는
들뜬 마음의 여인네들이
성곽을 밟다가
그네를 타다가
달마중을 나가고 있다

한가위 보름달은
오봉산 등허리를
슬슬 기어오르고
낙안성 동네 어귀 쳐다보고
은행나무 뜨락에서 숨바꼭질하잔다
–「한가위 달이 뜨는 낙안성」1, 2연

순천에 있는 낙안성은 주요 사적으로 꼽히는 동네다. 200여

호 집들을 둘러친 1410미터의 성곽은 지금도 여전해서 연중행사로 성돌 밟기 놀이가 행해지고 있다. 추석 무렵이 지나면 지붕에 이엉을 얹는 모습이나 남도 음식 축제 등이 벌어진다. 한때 그는 이 낙안성의 민속 분위기에 젖어 시청에서 관리하는 집을 빌려 시내까지 출퇴근한 적도 있었다. 낙안읍성에 달이 뜨면 그 환한 달밤엔 어떤 모습들이 전개되는 걸까?

술래가 된 달님이는
상기된 얼굴로
당산나무 뒤로 숨고
은행나무 돛대가로 숨고
동네 샘 옆으로 숨은

철수 영희 바둑이를 찾다가
낙안성 돌담에 부닥치다가
연못 속에 숨어 있는 잉어 떼 내몰고
연잎에 졸고 있는 청개구리 찾는다

한가위 달이 뜨는 낙안성에는
하얗고도 새하얀 달빛 망을 쓴
낮도깨비들이 숨바꼭질을 하고 있다
–「한가위 달이 뜨는 낙안성」3, 4, 5연

술래가 되어 당산나무 그늘로 숨는 달, 수백 년 된 은행나무 고목 밑 우물터에도 빠진 달, 동네 아이들이 나와 바둑이와 함께 하는 술래놀이, 심지어는 연못 속에 숨어 있는 잉어 떼도 가만 못 있고 연잎 위의 청개구리 푸른 몸 빛깔마저 비춰내는 고풍스러운 달밤이 곧 성城안의 달밤이다. 참으로 풍류스러운 멋이 출렁대는 가장 한국적인 풍경이다. 이런 풍경 하나가 아직도 우리 국토의 끝자락 어디에 살아 있다는 것만으로도 행복하다.

'하늘에는 맑은 바람, 땅에는 흐르는 물, 그 사이에 사람이 들어가면 풍류인'이라는 국토의 청결성과 인성의 쇄락함은 이 시대 삶의 대처 방안이 될 수밖에 없다. 도처의 저런 풍경을 누비고 다니는 그의 시들은 이 시대를 구원하는 힐링healing의 전범이 될 수도 있으리라. 힐링이란 무엇인가? 그것은 시로써 마음을 움직이고 몸을 일으켜 질식된 영혼을 다시 깨워내는 회생의 치료법이다. 따라서 시인은 사제와 동격으로 언어로써 영성을 깨우는 자라 할 수 있다. 고백적인 언어, 주술적인 언어야말로 주술사의 치유언어로서 시인만이 지닌 약방문이라 할 수 있다.

鳴鳳驛에 새하야 함박뉸이 내릐다

뜻 모를 물음표가 뇌리에 스치면서
느낌표를 연발했던 그 시간들이
눈발에 파묻히다가 그리움을 몰고 온다

마냥 어디론가 떠나려 했던 철부지도
텅 빈 대합실을 힐끔힐끔 쳐다보다가
삐쭉하게 내민 두 갈래 철로를 바라본다

벚나무 아랫도리가 시리도록
시골 부녀 정을 갈라놓으려는 플랫폼이 울고 있다
이별도 좋다
별리도 좋다

큰 꿈 따라 떠나보내는 딸 손을 쥐어 잡은
아버지 등에는 때 묻은 봉다리 보따리들이
아버지 키보다도 높게 높다랗게 쌓여 있다

새가 우는 겨울 간이역 플랫폼에는
늙은 역무원이 유도하는 철마 울음이 퍼져나고
아쉬운 이별을 서두르는 부녀 속정이 끈적댄다
—「새가 우는 역」 전문

아직도 존재하는 간이역, 그 명봉鳴鳳역에 새가 운다. 참으로 오랜만에 들어보는 새소리고 슬프면서도 따뜻한 그림이다. 오늘을 사는 불모지 현대성의 잔인함은 이 그림마저 지우려 한다.

"鳴鳳驛에 새하얀 함박눈이 내린다". 이 한 구절만으로도 우리 국토의 산하를 흔들어 깨운다. 치밀한 감각묘사와 주술성이

결합된 절편이다.

그의 생애 어느 한 굽이를 돌아보면 병든 몸을 이끌고 산으로 가기 전 명봉역에 근무했던 철도원이었다는 걸 아는 사람은 별로 없다. 지금은 이 시대를 후려치는 칼럼니스트요 논설위원으로서 신문사를 넘나들지만 그 이전에 그는 어쩔 수 없는 시인이요, 방하착放下着을 하고 사는 달관한 스님 같은 사람이다. 벽암록 18칙인가 어디에 무영수無影樹라는 나무가 나온다. 그를 보면 꼭 그림자 없는 나무 생각이 난다. 누이가 여행사를 하기 때문에 어느 날 전화를 하면 그는 이국땅 어딘가를 헤매고 있다. 그러다가 돌아와 또 기자 생활에 열심이다.

얼마나 목이 탔을까?
왜 이리도 말랐을까?
멀리서 바라보이는 저 물바다
가까이 가면 사라져버리는 신기루다
사막의 요술이다
인디언의 꿈이다
모하비사막에서 피어난 그 꿈
피를 뿌리고 뼈를 부수는 역사였다

탐욕이 뭔지도 모르는
인디언들의 울부짖음이 들린다
아부 아푸우

작은 꽃송이로 피어나
푸른 꿈을 꾸었던
인디언의 노래가 흐른다
인도 인도우

빼앗겨 버린 땅
그 땅 위에 피어난 라스베이거스
죽음을 부르는 인디언들의 넋이다

밤에 피어나는 도시
불빛 타고 도는 환락의 도시
큰 물방울이 작은 물방울을 따먹는 도시
신기루 도시다
–「신기루 도시」 전문

또한 그의 시들은 이처럼 반문명적 패러다임을 지향한다. 1년에 한 번씩은 외국 여행을 즐기는 풍류적 기질은 위의 시에도 어김없이 드러난다. 현대 문명의 마천루 같은 도시 라스베이거스는 환락의 끝으로 묘사된다. 특히 그의 반골 기질은 이 영화 산업의 첨단 도시의 생명이 인디언을 사냥하고 세운, 반휴머니즘의 피를 뿌린 결과론에 반성적 또는 회의의 물음을 제기한다. 한 손에 성경을, 다른 한 손에 권총을 들고 개척한 서부 개척사는 마카로니 웨스턴이라는 영화에 우리들 혼을 마비시켰던 중독성의 감기 같은 것이기도 했다.

'한 손에 콜라병을 들고 한 손에 메릴린 먼로의 사진을 든 채 포탄 속을 뛰면서도 우리는 죽어도 행복하다'는 그 정글 법칙을 수행한 미국의 청년들은 과연 행복했던 것일까?

그래서 자크 아탈리 같은 미래학자는 지난 세기를 악마의 세기라고 지칭하며 디지털 유목민의 새로운 세기의 패러다임의 삶을 제시한다. 자본주의의 목마름은 환상방황環狀彷徨의 파가베스와 같은 허상의 도시를 생산할 뿐이다. 그것을 시인은 원형이미지인 불과 물을 대칭적으로 사용해 인간성 회복이라는 큰 명제를 압축적으로 보여주고 있다.

이봐!
시월 보름이래
저~ 달 조금 봐봐!
지난 그믐밤
송 시인이 깨뜨린
접시 조가 하나가
하늘 떠다니다가
어둠 먹고 자라서
보름달이 되었다나?
먹거울 바라보고 미소 띠며
시월 바다에 뜨고 있잖아

야윈 얼굴
다소곳이 내밀고
후미진 밤바다 떠돌잖아
비바람 몰아치고 먹구름 낄수록
바닷물 마시고 어둠 곱씹은
깨진 접시 하나
검푸른 시월 바다
보름달로 뜨고 있나 봐
─「깨진 접시 하나」 전문

참 청승맞다. 그가 손수 지은 산속 움막집 빗소리가 이번엔 보름달로 떴다. 좀 뭣하지만 그와 같은 시내에서 십유여년을 비비고 살았던 까닭에 자연스럽게 내가 쓴 시 「혼자 먹는 밥」이 인용되어 우정을 더한 것 같다. "밥그릇 씻어 엎다 보니/ 무덤과 밥그릇이 닮아 있다/ 이 빈 그릇들 우리 생애서 몇 번이나 엎었다 되 집을 수 있을까// 창문으로 얼비쳐드는 저 그믐달/ 방금 깨진 접시 하나" 이는 내가 쓴 시 「혼자 먹는 밥」의 2, 3연이다. 그의 삶과 나의 삶을 씻어 살강에 엎는다면 무척 '닮은꼴'이다.

영양괘각羚羊挂角 같은 삶을 살면서도 무문無門의 풍류인은 못 되어도 숲 속에 들어가 발을 씻는 거즐풍류擧櫛風流의 반풍수 쟁이 흉내는 내고 살았을 듯하다. 결단코 우리 삶은 그림자 없이 서 있는 빼빼 마른 그 추운 나무는 아니기 때문이다.

언젠가 느꼈지
홀로 가는 산문길에 동반자는 없다는 것을

언젠가 알겠지
인생길 가다 보면 무덤과 밥그릇이 같다는 것을
—「언젠가」5, 8연

위 시는 그의 아포리즘으로서 시집의 속 갈피에 각을 떠 숨겨 둔 깨달음의 의미 부여가 되는 시편이다. 그렇다. 아직은 아니지만 山門으로 들어가는 그 길이 무덤과 밥그릇이 같다는 한길임을 온전히 깨닫고 갈 날도 멀지 않았으리라. 내 건강이 허락한다면 여자만의 어느 바닷가 움막집에 들어가 뎅이굴을 까며 같이 후루룩 소리 한번 내고 싶구나. 시가 뭣이랴, 건강을 빈다.